MÜNSTERSCHWARZACHER KLEINSCHRIFTEN

herausgegeben
von den Mönchen der Abtei Münsterschwarzach

Band 84

Mauritius Wilde OSB

Ich verstehe dich nicht!

Mit dem Kleinen Prinzen fremden Welten begegnen

VIER-TÜRME-VERLAG MÜNSTERSCHWARZACH
1994

Mauritius Wilde OSB

Ich verstehe dich nicht!

Mit dem Kleinen Prinzen fremden Welten begegnen

VIER-TÜRME-VERLAG MÜNSTERSCHWARZACH
1994

Die Deutsche Bibliothek – CIP- Einheitsaufnahme

Wilde, Mauritius:

Ich verstehe dich nicht! : Mit dem Kleinen Prinzen fremden Welten begegnen / Mauritius Wilde. – 1. Aufl. – Münsterschwarzach : Vier-Türme-Verl., 1994
(Münsterschwarzacher Kleinschriften ; Bd. 84)
ISBN 3-87868-506-8
NE: GT

2. Auflage 1995
Gesamtherstellung: Vier-Türme-Verlag, D-97359 Münsterschwarzach Abtei

ISSN 0171-6360
ISBN 3-87868-506-8

INHALT

Für meine Schüler aus der Unterstufe
des Internats St. Maurus,
mit denen zusammen ich die Welt
des kleinen Prinzen entdecken durfte

Einleitung

„Ich verstehe dich nicht!" So höre ich eine besorgte Mutter reden, die die Wege ihres Sohnes nicht mehr nachvollziehen kann. Das kann aber auch ein Jugendlicher formulieren, der mit dem Verhalten seiner Eltern nicht mehr klar kommt. Ein Generationsproblem also?

„Ich verstehe dich nicht!" Dieser Ausruf könnte ebenso in einem Konflikt vorkommen zwischen zwei Partnern, die sich lange gut verstanden haben, die nun aber kein Verständnis mehr füreinander aufbringen können. „Ich verstehe dich nicht!" müssen sich Mönche einer Klostergemeinschaft immer wieder eingestehen, gerade wenn sie sich über ihr Innerstes unterhalten wollen, ihren Glauben und ihre Spiritualität.

Wie geht das zu, daß Menschen, die so vieles verbindet, sich auf einmal fremd gegenüber stehen, als wenn jeder von einem anderen Planeten stammte?

Das Problem, daß wir uns heutzutage oft nicht mehr verstehen, wo uns früher eine Selbstverständlichkeit verband, scheint mir nicht das Problem von einzelnen Menschen zu sein. Ich erlebe es in unserer Zeit durchgängig. Mann und Frau z.B. werfen ihre alten Rollenfestlegungen ab. Dabei entpuppt sich aber, daß sie nicht etwa völlig gleiche Wesen sind, sondern ganz unterschiedliche Welten verkörpern, Welten die sich oft sehr fremd sind. Ein Mann fühlt und denkt anders als eine Frau. Er kann nicht verstehen, wie sich Frauen stundenlang auf einer Damentoilette unterhalten können. Als Mann geht man wortlos aus der Toilette heraus, wie man hereingekommen ist.[1]

[1] Beim Korrekturlesen machten mir Mitarbeiterinnen der Druckerei deutlich, daß es sich hier wohl um ein

Mit der Fremdheit voreinander tun wir uns im allgemeinen schwer. Vielleicht liegt hier die Wurzel der Probleme, die wir in unserem Land mit ausländischen Menschen haben. Politische und wirtschaftliche Not treiben immer mehr Menschen anderer Völker und Kulturen zu uns. Ihre Mentalität ist uns oft schwer verständlich. Wir wollen sie schon so sein lassen, wie sie sind. Aber wenn wir auf einem Raum leben sollen, müssen sie sich dann nicht den Regeln des Gastlandes anpassen? Ist die Vision einer multikulturellen Gesellschaft überhaupt lebbar?

In dieser Situation begegnete mir der kleine Prinz. Dieses Märchen, von dem französischen Dichter und Flieger Antoine de Saint-Exupéry Anfang der vierziger Jahre geschrieben, kritisiert die Welt der „großen Leute", ihre Isolation und Einsamkeit, und den Wahn des technischen Fortschritts. Dagegen stellt es den kleinen Prinzen, der mit einer entzückenden Reinheit die Dinge so sieht, wie man sie sehen muß. *„Man sieht nur mit dem Herzen gut"*, ist die einfache Weisheit, die jeder aus diesem Märchen kennt. Jeder wird diesem Satz zustimmen. Aber wie macht man das „mit dem Herzen sehen", wenn man sich fremd gegenübersteht? Wie kann ich lernen, den anderen zu verstehen?
Dieser Frage wollen wir in unserer Kleinschrift nachgehen. Wir wollen den kleinen Prinzen näher betrachten, wie er von Welt zu Welt wandert. Er kann uns Wege zeigen, wie Begegnung der Welten gelingen kann.

gravierendes Vorurteil meinerseits handelt. Zum Thema „Vorurteil" siehe 3.b) Die Fremdheit der neuen Welt.

Die Frage, wie ich den anderen verstehen kann, ist keine nette Frage für Märchenliebhaber. Sie ist *die* Frage der Zukunft. Von ihr wird das Überleben der Menschheit abhängen. Wenn Serben und Bosnier, Christen und Mohammedaner, Europäer und Afrikaner, Israelis und Palästinenser, evangelische Christen und Katholiken, (die Liste können Sie fortsetzen...) diese Frage nicht zu beantworten lernen, werden sie sich und diese Erde unweigerlich in den Untergang stürzen. Helfen kann uns da nur jemand, der von einem ganz anderen Stern kommt, der kleine Prinz...

1. Jeder ist eine ganze Welt

Auf der Erde gibt es viele verschiedene Menschen und Typen. Bei Antoine de Saint-Exupéry zum Beispiel Könige, Geographen, Geschäftsleute, Säufer usw. Der kleine Prinz hat im ersten Teil seiner Reise all diese Gestalten schon kennengelernt. Jeder saß da auf seinem eigenen Planeten. Damit will der Dichter sagen: Eigentlich ist jeder selbst schon eine eigene Welt, ein eigener Kosmos. Und so ist es auch: Normalerweise glauben wir, daß wir Menschen sind, die auf ein und derselben Welt leben. In Wirklichkeit ist es so, daß jeder einzelne Mensch selbst eine ganze Welt darstellt. Jeder hat seine Welt und ist seine Welt.[2]

Was bedeutet das? In einer Welt ist alles enthalten, was es gibt. Es fehlt ihr nichts. Deswegen heißt sie ja „Welt", und nicht zum Beispiel „Erd-Teil". Aber alles ist in ihr in ihrer ganz eigenen Art und Weise enthalten. Zum Beispiel *die Zeit*: Jeder Planet, den der kleine Prinz bereist, hat eine andere Größe. Die Zeitspannen zwischen Sonnenaufgang und Sonnenuntergang sind jeweils verschieden lang, die Tage haben unterschiedliche Dauer. Der Planet des Laternenanzünders z. B. ist so klein, daß jede Minute ein neuer Tag beginnt.

Was Minute ist, was Stunde, was Tag, kann für verschiedene Menschen ganz unterschiedlich sein, auch wenn sie dieselben Uhren mit derselben mitteleuropäischen Uhrzeit tragen. Ein alter Mensch erlebt die Zeit anders als ein junger, bei

[2] Das Phänomen „Welt" hat Heinrich Rombach auf philosophischem Niveau behandelt. (Siehe dazu: Welt und Gegenwelt. Umdenken über die Wirklichkeit: Die Philosophische Hermetik, Basel 1983). Unsere Ausführungen speisen sich ganz besonders aus der Philosophie H.Rombachs.

ihm geht alles viel langsamer, braucht mehr Zeit. Es gibt auch Menschen, die in einer anderen Zeit leben, zum Beispiel im Mittelalter oder in der Antike. Das müssen nicht die schlechtesten sein. Wenn ihre Zeit mit ihrer Welt übereinstimmt.
Jede Welt hat auch ihre eigene *Sprache*, in der sie sich ausdrückt. Die Sprachgrenze verläuft nicht zwischen Englisch und Deutsch, und Deutsch und Italienisch, nicht einmal zwischen bayrisch und schwäbisch, sie verläuft zwischen Alt und Jung, zwischen Mann und Frau, ja zwischen Mensch und Mensch. Wie das? Weil jeder mit jedem Wort anderes verbindet und anderes darunter versteht. Jeder hat mit jedem Wort Erfahrungen gemacht, die nur er gemacht hat.
Der kleine Prinz unterhält sich einmal mit dem Geschäftsmann über die Sterne. Der Geschäftsmann erklärt, daß er die Sterne besitze. Das will dem kleinen Prinzen nicht eingehen. Er hat nämlich einen ganz anderen Begriff von „Besitzen“. Während für den Geschäftsmann „Besitzen“ heißt, Eigentum zu haben, das ihm nützt und ihn reich und noch reicher macht, bedeutet es für den Prinzen, etwas zu haben, *für das* man nützlich ist. Was der kleine Prinz besitzt, dafür fühlt er sich verantwortlich. Hätten wir in unserer nach Besitz strebenden Gesellschaft so eine Vorstellung von Besitz, sähe sie wesentlich menschlicher aus.
„*Die Sprache ist die Quelle der Mißverständnisse*“, sagt der Fuchs dem Prinzen auf seiner Reise. Wir tun gut daran, davon auszugehen, daß uns der andere zunächst *nicht* versteht. Und wir ihn nicht. Jeder spricht seine eigene Sprache, und ich muß das Vokabular des anderen erst mühsam lernen. Das Wörterbuch dazu ist er selbst.
In jeder Welt ist alles enthalten. Nur jedes Ding hat in jeder Welt eine andere *Bedeutung*. Der Prinz erfährt das besonders anhand der Sterne.

Für den Geschäftsmann sind sie einfach „Dinger", die man kauft, besitzt, verwaltet und auf der Bank hortet. Absurd, so könnte man denken, und so denkt auch der kleine Prinz. Aus der Welt des Geschäftsmannes betrachtet aber, ist diese Bedeutung der Sterne nicht absurd, denn seine Welt ist eben die des Geschäftemachens; da sind die Sterne mit einbegriffen. Auch der König kennt die Sterne. Für ihn sind sie Untertanen, die zu gehorchen haben. Das ist wieder etwas ganz anderes. Der kleine Prinz nimmt die Sterne als Erinnerung an seine geliebte Blume, die er auf seinem Planeten zurückgelassen hat. Das ist aus der Sicht von Geschäftsmann oder König genauso absurd. Aber es ist innerhalb seiner Welt zu verstehen.
Gegen Ende seiner Reise kommt der kleine Prinz zu dem Schluß: *„Die Leute haben Sterne, aber es sind nicht die gleichen. Für die einen, die reisen, sind die Sterne Führer. Für andere sind sie nichts als kleine Lichter. Für wieder andere, die Gelehrten, sind sie Probleme. Für meinen Geschäftsmann waren sie Gold."*
Nun ist es so, daß die Welt von jemandem bis in das Detail geht. In der kleinsten Kleinigkeit, und vielleicht gerade dort, drückt sich doch die ganze Welt aus. Das ist der Grund, warum manche Ehe an einer Zahnpastatube scheitern kann. Man fragt sich, wie so etwas Großes wie die Ehe an so einer Banalität scheitern soll. Weil es hier letztlich nicht um die Zahnpastatube geht, sondern darum, daß die Tube in der Welt des einen eine andere Bedeutung hat als in der Welt des anderen. In der Art, wie der eine sie fein säuberlich zusammenrollt, kommt seine ganze Welt zum Ausdruck, sein Verhältnis zur Ordnung, zur Sparsamkeit. Da kommt seine Erziehung zum Vorschein, seine Familie, da hängt ein ganzes Leben dran.

Beim kleinen Prinzen gibt es auch so eine „Zahnpastatube“. Unvermittelt muß der inzwischen etwas müde Prinz auf dem Planeten des Königs gähnen. Dieser verbietet ihm das, denn es verstoße gegen die Etikette. Das heißt, es paßt eben nicht mit der Welt des Monarchen zusammen, bei dem nichts ohne Befehl getan werden darf. Daß der Prinz darauf auf Befehl gähnen *soll*, beweist, daß nicht das Gähnen das Problem ist (genausowenig wie die Zahnpastatube). Das Problem ist, daß sich hier zwei Welten begegnen, und zwar im Detail. An solchen Details sind schon Kriege entstanden. Wer seine Ehe wegen der Zahnpastatube – zurecht – noch nicht drangeben will, sollte die Welt des anderen kennenlernen, die sich ihm hier neu und kräftig zeigt.

Jeder ist eine ganze Welt. Und alles kann Welt sein. Nicht nur Menschen, auch Tiere. Wer sich intensiv mit Tieren befaßt, weiß das. Man kann sogar ihre Sprache lernen, und sie die meine. Deswegen fällt es dem kleinen Prinzen gar nicht schwer, mit Fuchs und Schlange zu reden. Es können aber auch Pflanzen eine Welt sein. Auch Gegenstände. Zum Beispiel ein Buch. Auch Musik.

Alles kann Welt sein. Auch Gemeinschaften sind eine Welt. Ein Stammtisch zum Beispiel. Auch ein Kloster ist eine eigene, unvergleichliche Welt. Eine Familie ist eine eigene Welt. Sogar mit eigenem Geruch, der nur dieser Familie zukommt. Und eigener Art, die Strümpfe zusammenzulegen. Vielleicht bekommen Sie jetzt Freude daran, auf die Suche nach solchen Welten zu gehen. Alles sitzt auf seinem eigenen Planeten.

Noch etwas muß zu den Welten gesagt werden. Es besteht zwischen ihnen keine Verbindung. Deshalb das Bild der Planeten. Jeder kreist für sich. Zwischen den Planeten ist eine Abgrund. Es

gibt keinen gemeinsamen Grund, auf dem wir uns bewegen. Lange Zeit hat man das angenommen. Nicht einmal Gott erfüllt uns diesen Wunsch.
Zwischen den Welten liegt nichts.
Wir kommen später darauf zurück.

2. Jeder ist eine besondere Gestalt

Das sind schon Typen, die uns Antoine de Saint-Exupéry vorsetzt. Denken Sie nur an den Monarchen, der dem kleinen Prinzen vorschlägt, er solle die einzige Ratte auf seinem Planeten von Zeit zu Zeit zum Tode verurteilen, aber dann wieder rechtzeitig begnadigen, um nicht als Justizminister arbeitslos zu werden. Oder erinnern Sie sich an den Laternenanzünder, der alle 30 Sekunden die Laterne an- und ausmacht, nur weil er „der Weisung" folgen will. Das sind schon kaputte Typen, denkt man sich. Es sind wohl Karikaturen, mit denen Saint-Exupéry die Erwachsenen auf ihre Schwachstellen hinweisen will. Gewiß. Aber es sind mehr. Es sind Gestalten.

Was macht eine Gestalt aus? Eine Gestalt ist begrenzt. Sie hat ganz bestimmte Begrenzungen, Konturen, sozusagen ein Profil. Jeder Mensch ist eine Gestalt. Er hat eine bestimmte Körpergröße, ein bestimmtes Gewicht, eine bestimmte Haarfarbe. Er hat ja nicht alle Haarfarben gleichzeitig, sondern nur eine, und das macht ihn (u. a.) aus. Der kleine Prinz zum Beispiel hat goldenes Haar. Jeder hat ein bestimmtes Geschlecht. Jeder hat ein besonderes Gesicht, das nur er hat. Aber nicht nur körperlich ist ein Mensch begrenzt und festgelegt, auch seelisch. Jeder und jede hat bestimmte Weisen, auf etwas zu reagieren, eine besondere Art zu fühlen. Jeder hat eine eigene Geschichte, die ihn festlegt, seine konkreten Eltern, sein Geburtsdatum, seine Kindheit, seine Jugend, auch eine ganz bestimmte Geschichte mit Gott. All das macht den Menschen aus. Macht ihn zu einem besonderen Menschen, der unverwechselbar und einmalig ist. Jeder Mensch ist eine ganze Welt, in der alles enthalten ist. Aber es ist in ihm alles in

einer ganz bestimmten Weise enthalten, das macht ihn zu einer besonderen Gestalt.
Antoine de Saint-Exupéry beschreibt das ganz vortrefflich. *„Bei mir zu Hause ist wenig Platz"*, sagt der kleine Prinz. Es ist eben nicht alles möglich bei ihm, nur was seine begrenzte Welt zuläßt. Jede Gestalt ist so durchgestaltet, daß in ihr nicht nur sie selbst, sondern auch alle anderen Menschen bei ihr eine bestimmte Gestalt haben. Da ist zum Beispiel der schon erwähnte Monarch. Seine Gestalt ist es, Befehle zu geben. Und so ist jeder, der zu ihm kommt, automatisch ein Untertan, ein Befehlsempfänger. Und alles, was geschieht, geschieht innerhalb dieser Gestalt des Befehlegebens. Der kleine Prinz gähnt: Das ist verboten. Der König befiehlt ihm zu gähnen: Das ist o.k. Der kleine Prinz möchte gerne, daß der Monarch einen Sonnenuntergang befiehlt. Jetzt macht dieser deutlich, daß er nicht einfach irgendetwas befehlen darf, sondern daß seine Befehle vernünftig sein müssen, das heißt, vom Untertan her auch ausführbar sein müssen. So wartet der Monarch, bis es Abend wird, wenn die Situation günstig ist für einen Sonnenuntergang; erst da kann die Sonne ihm wirklich gehorchen. Das ist zum Schmunzeln. Aber es ist – von der Gestalt des absoluten Monarchen her betrachtet – sehr logisch und konsequent. Wie geht er also mit der Tatsache um, daß manches geschieht, ohne daß er einen Einfluß darauf hat? Er bezieht dies in seine Gestalt ein, indem er eben nur *vernünftige* Befehle geben will. Seine Gestalt bleibt durchgängig. Sie bleibt es bis zum Schluß. Der kleine Prinz will den Planeten wieder verlassen. Als er von dannen zieht, ruft der König ihm nach: *„Ich mache dich zu meinem Gesandten."* So ist auch dieses Geschehnis in seinem Sinn passiert.
Jede Gestalt ist „gestaltet". Zu dem, was sie jetzt

ist, ist sie im Lauf der Zeit gestaltet worden. Der Schöpfungsbericht der Bibel will dasselbe sagen, wenn er alles „Geschöpf" nennt, „Kreatur". Als der kleine Prinz vom Geschäftsmann hört, daß dieser die Sterne auf der Bank hortet, findet er das „amüsant und fast dichterisch". In der Tat ist jede Gestalt eine eigene Dichtung, ein Kunstwerk gewissermaßen. Jeder Mensch ist ein Kunstwerk. Eine Kreation. Das vergessen wir in der Regel immer wieder.

Von Älteren kann man oft hören, es gäbe heute keine Originale mehr. Eben keine kunstvollen Gestalten, die man amüsant finden kann. Stattdessen laufen die meisten Menschen als Kopien herum. Sie versuchen irgendwer anderes zu sein, und tun sich sehr schwer, einfach der zu sein, der sie sind, mit den ganz eigenen Begrenzungen. In den Zeitschriften erscheinen immer die gleichen Typen von Frauen und Männern, gestylt nach einem bestimmten Ideal, daß von Zeit zu Zeit mal etwas wechselt, aber alle dreißig Jahre spätestens wiederkommt. Wenn man sich diese Bilder genauer ansieht, ist es am interessantesten, das an den Gesichtern oder Figuren zu suchen, was dem Ideal nicht entspricht, was nicht ganz paßt. Dort schimmert etwas von dem konkreten Menschen durch. Bei fast jedem Model ist so etwas – dem Schöpfer sei Dank – zu finden.

Es besteht also kein Grund, die Gestalten Saint-Exupérys auf ihren Planeten auszulachen.[3] Es sind wenigstens noch Gestalten. Allerdings nicht

[3] Eugen Drewermann beurteilt in seiner tiefenpsychologischen Deutung des kleinen Prinzen die Gestalten nur negativ. Jede Gestalt muß aber als Gestalt genommen werden, wie sie ist, ob gelungen oder nicht gelungen. Sonst kann keine Erlösung stattfinden.

alle gleich gelungene. Jede Gestalt, jeder Mensch, hat nicht nur seine besondere Schönheit, die ihn zum Kunstwerk macht, sondern auch seine besondere Gefährdung. Der kleine Prinz ist davon nicht ausgenommen. Er weiß, daß er morgendlich „die Toilette" seines Planeten machen muß, nämlich die gefährlichen Triebe der Affenbrotbäume ausreißen und die Vulkane fegen. Denn hier liegen Kräfte, die seinen kleinen Planeten zu sprengen vermögen. In jeder Welt sind Kräfte vorhanden, die zur Selbstzerstörung führen. Wer sich nicht um sie kümmert, zerstört sich selbst.

Auch unser Monarch hat seine Gefährdung. Er braucht Untertanen. Seine Gestalt gelingt, wenn er diesen Untertanen Freiheit läßt, wenn er sie zu nichts Unvernünftigem zwingt, wie er es selber sagt. Sie mißlingt, wenn er sie festhalten will. Am Ende fällt der König aber doch auf diese für ihn spezifische Falle herein, er will den Prinzen zum Justizminister machen. Ein Vorschlag, der für den kleinen Prinzen nicht durchführbar ist, vor allem weil er dann zum Tode verurteilen müßte, was er nicht will. Um jeden Preis will der König ihn aber halten, und da kommt er auf die absurde Idee des Gerichtes über die alte Ratte. Hier ist die Gestalt des Monarchen mißlungen. Denn dieser Befehl ist nicht mehr vernünftig, was seine Befehle doch alle sein sollten.

Es gibt noch mißlungenere Gestalten im Kleinen Prinzen. Der Laternenanzünder, dessen Tätigkeit der kleine Prinz gleich bei der Ankunft auf dem Planeten als „sehr hübsch" bezeichnet, empfindet sie selbst als einen „schrecklichen Dienst". Seiner Begabung, die Treue zu seiner „Weisung", steht die Gefährdung gegenüber, an dieser Weisung starr festzuhalten, auch wenn sich die Verhältnisse auf dem Planeten völlig verändert haben. Dadurch wird ihm seine Aufgabe zum „Trauerspiel". Sie mißlingt. Mißlungene Gestalten sind unglücklich und sehen ihre Situation als „aussichtslos".

Besonders aussichtslos aber steht es um den Säufer. Sie kennen diese äußerst treffende Beschreibung seines Teufelskreises:

„Warum trinkst du?" fragte ihn der kleine Prinz. „Um zu vergessen." – „Um was zu vergessen?" – „Daß ich mich schäme." – „Warum schämst du dich?" – „Weil ich saufe..."

Und so geht es wieder von vorne los. Ein Kreis der Selbstzerstörung, der seine eigenen dämonischen Kräfte entwickelt. Während des Gesprächs mit dem kleinen Prinzen senkt der Säufer den Kopf, und am Ende verschließt er sich gar in Schweigen. Es ist ihm also mit dem Trinken nicht gelungen, daß er sich nicht mehr schämen muß. Wie entkommt man so einem Teufelskreis? fragen wir bestürzt. Vielleicht fühlen wir uns an manches eigene teuflische Kreisen erinnert. Im Grunde ist das ganz einfach: Indem man an einer Stelle, egal an welcher, aus ihm aussteigt.

Entweder der Säufer hört auf zu vergessen und schaut seine Situation einmal an, oder er hört auf sich zu schämen. Auch dies wäre eine Erlösung. Oder er hört auf zu trinken. An jeder Stelle kann der Teufelskreis durchbrochen werden.

Jede Gestalt, jeder Mensch, hat mit Gefährdungen zu leben. Es sind *seine*. Und jeder Mensch steht in der Gefahr, als Gestalt, als Mensch völlig zu scheitern, wenn er sie nicht als seine Gefährdungen erkennt und annimmt. Geschaffen als ein Kunstwerk, gibt es die Möglichkeit, in der eigenen wunderbaren Gestalt zu leuchten oder – entstellt – sie zu verlieren.

3. Auf der Reise zwischen den Welten

a) Die eigene Welt verlassen

Da schwebt also jeder Mensch durch den Weltraum. In seiner eigenen Gestalt, von den anderen durch einen unüberbrückbaren Abgrund getrennt. Wie soll es dann überhaupt zu einer Begegnung kommen? Wie zu einem Gespräch zwischen den Welten? Ist das nicht genau unser Problem, daß wir die Verschiedenheit zwischen uns feststellen, aber dann nicht weiter wissen? Wie hat es der kleine Prinz gemacht? Wie kam er denn eigentlich dazu, von Welt zu Welt zu reisen?

Eines Tages entdeckte er eine neue, ungewöhnliche Blume auf seinem kleinen Planeten. Er beobachtete, wie sie sich ganz langsam entfaltete und war fasziniert von ihrer Schönheit. Doch auch diese Blume war eine eigene Gestalt, sie war nicht nur schön, sie war sehr eitel und versuchte den kleinen Prinzen ständig zu kränken. Betört von ihrem rührenden Anblick und Duft wußte er sich aber nicht gegen diese Kränkungen zu wehren. Schließlich war er so durcheinander, daß er von seinem geliebten Planeten floh.

Ganz freiwillig verließ er seine Welt also nicht, der kleine Prinz. Er kam in der eigenen Welt nicht mehr klar, er wußte nicht mehr weiter, er stieß an seine Grenzen. Und genau diese Grenzen bringen ihn in Bewegung, weg von sich, hin zu anderen Welten.

Dem Erzähler des Märchens, dem Flieger, mit dem sich Antoine de Saint-Exupéry selbst meint, ging es nicht anders. Auch bei ihm stand noch vor der Begegnung mit dem kleinen Prinzen das Scheitern seiner eigenen Welt. Als Flieger stürzte er ab. Schwerer kann man als Flieger nicht scheitern und seine eigene Welt aufgeben müssen. Aber erst dieses Scheitern eröffnete ihm den Weg hin zu ganz anderem. Die Not nimmt nicht ab, auch als er noch in der Wüste ist: Er bekommt den Motor des Flugzeugs nicht in Gang, und fast wäre er verdurstet, als ihm das Trinkwasser ausging. Und während dieser Zeit, als sozusagen seine eigene Welt von ihm gar nicht mehr bewohnbar ist, da lernt er den kleinen Prinzen kennen, der sein Leben grundlegend verändert.

Jeder Mensch hat normalerweise Angst vor einer Krise. Inzwischen ist bekannt, daß es nicht nur die Krise der Lebensmitte gibt, sondern noch viele andere Umbruchphasen des Lebens. Eine Krise bricht in mein Leben so unerwartet ein, wie ein Flieger unerwartet vom Himmel stürzt. In der Krise passen die Dinge und Menschen in meinem Leben nicht mehr so zusammen, wie ich es gewohnt war. Alles verändert sich auf einmal, die Wichtigkeit bestimmter Menschen für mich, bestimmter Tätigkeiten; meine Gefühle verändern sich. Meine alte Welt ist für mich nicht mehr bewohnbar, und so werde ich von meinem Planeten geschmissen. Von meinem *eigenen*, das ist das Schmerzhafte daran. Ich habe dann, wie der kleine Prinz, kein Zuhause mehr.

Doch schon bevor der kleine Prinz mit der Blume nicht mehr auf ein und demselben Planeten leben konnte, kündigte sich die Krise für ihn an: Oft war er sehr schwermütig, und wie liebte er es, Sonnenuntergänge zu betrachten. Diese Untergänge waren das Vorausbild für den Untergang seiner Welt, die er im Weggang erleben mußte. Scheinbar werden Krisen also nicht durch irgendeinen unglücklichen Zwischenfall – im Fall des kleinen Prinzen die Blume – hervorgerufen, sondern haben zutiefst mit mir selbst zu tun. Sie entpuppen sich, allerdings erst im Lauf der Reise, als Einladung, andere Welten kennenzulernen und meine eigene Gestalt dabei verwandeln zu lassen.

Doch von all dem hatte der Prinz keine Ahnung, so wie niemand in einer Krise gleich den Durchblick hat. Der Prinz flieht. Mit Hilfe eines Zuges wilder Vögel. Und er denkt nicht daran, je wieder auf seinen Planeten zurückzukehren. Das Verlassen der eigenen Welt ist ernst; es geht nicht, daß ich die Hand an den Pflug lege und mich nochmals umblicke. Jetzt will der kleine Prinz andere Asteroiden besuchen, und zwar, *„um sich zu beschäftigen und zu bilden."*

Wir müssen erst aus unserer eigenen Welt herauskatapultiert werden, um auf die Reise zu gehen hin zu anderen Welten. Wer allerdings das Verlassen seiner Welt schon einmal erlebt hat und die Kraft der Verwandlung, die im Besuch neuer Welten steckt, der wird sich diese Gesetzmäßigkeit zueigen machen und immer wieder – freiwillig! – seinen Planeten verlassen. „Wer sein Leben verliert, wird es gewinnen" (Lk 17,33), haben die Evangelien dieses Geheimnis genannt. Aus dem „seine eigene Welt verlassen" kann also eine Grundhaltung des Lebens werden, in die man sich immer mehr einübt. Nichts anderes wollen die evangelischen Räte Armut, Ehelosigkeit und Gehorsam. Sie provozieren sozusagen eine Dauerkrise, die mich immer wieder vom Festkleben an meiner eigenen Welt befreien will.

b) Die Fremdheit der neuen Welt

Wer seine eigene Welt nicht verlassen hat, wird anderen Welten nicht begegnen können.

Wie ergeht es aber dem kleinen Prinzen, wenn er

auf einem fremden Planeten landet? „*Ah! Sieh da, ein Untertan!*" schallt es ihm vom König entgegen. Der kleine Prinz ist verblüfft: „*Wie kann er mich kennen, da er mich noch nie gesehen hat?*" Wir wollen dem Prinzen recht geben: Ist es nicht eine Unverschämtheit, daß der König den jungen Besucher, ohne ihn überhaupt zu kennen, gleich als seinen Untertan bezeichnet? Aber: Diese Unverschämtheit ist der Normalfall menschlicher Begegnung. Jede Begegnung mit einer fremden Welt beginnt so. Sie kann gar nicht anders. Jeder hat in seiner Welt „ein Außen" so konstruiert, daß jeder, der von außen hereinkommt, zunächst so wie gehabt aufgefaßt wird. Der kleine Prinz kann für den König zunächst nichts anderes sein als Untertan. Bei welchem Verstehenshorizont soll er denn sonst ansetzen als bei seinem eigenen? Und dem kleinen Prinzen geht es auf seiner Reise ja genauso: Er möchte gerne zusammen mit dem Flieger einen Sonnenuntergang betrachten. Natürlich ist das auf der Erde nicht so zu jeder Zeit an jedem Ort möglich wie auf seinem eigenen Planeten, der so klein ist, daß er nur den Stuhl ein wenig verrücken muß. Da gesteht der Prinz: „*Ich bilde mir immer ein, ich sei zu Hause...*". Wenn wir mit jemandem sprechen, jemanden treffen, bilden wir uns zunächst immer ein, wir seien zu Hause, dabei haben wir schon eine ganz fremde Welt betreten, in der alles anders ist.
Noch so ein herziges Mißverständnis, mit dem jede Begegnung beginnt: Der kleine Prinz trifft den Fuchs. Er erklärt ihm, daß er die Menschen auf der Erde suche. Darauf der Fuchs: „*Die Menschen, die haben Gewehre und schießen. Das ist sehr lästig. Sie ziehen auch Hühner auf. Das ist ihr einziges Interesse. Du suchst Hühner?*" Gerade hatte der Prinz ihm doch gesagt, daß er Menschen suche. Aber Suchen hat für den Fuchs nur einen

Sinn, wenn man Hühner sucht. Von der Jagd der Hühner lebt er ja. Menschen zu suchen ist sinnlos, denn diese suchen ihn, um ihn zu töten. Später dann erzählt ihm der Prinz von seinem Planeten. Aufgeregt fragt der Fuchs: „*Gibt es Jäger auf diesem Planeten?*“ Als der Prinz verneint, ruft der Fuchs: „*Das ist ja interessant!*“ Für den Fuchs muß das den Traum vom Paradies geweckt haben, ein Leben ohne Todesgefahr, ein Leben ohne Jäger! „*Und Hühner?*“ fragt der Fuchs weiter, um zu testen, ob es wirklich so paradiesisch zugeht auf des Prinzen Planeten. „*Nein*“, antwortet der kleine Prinz. Darauf seufzte der Fuchs: „*Nichts ist vollkommen!*“

Hier kommt übrigens die alte Versuchung zu Tage, mit der Welt eines anderen tauschen zu wollen, wenn man der eigenen müde geworden ist. Aber das geht eben nicht ganz auf. Man kann die Welt nicht tauschen, nur zu anderen Welten reisen.[4]

Nicht immer gehen Begegnungen fremder Welten so goldig aus wie in diesem Fall. Immerhin werden Fuchs und Prinz später Freunde, und das ist der geglückteste Ausgang einer Weltenbegegnung, der nur selten gelingen kann (und auch nur selten gelingen muß). Normalerweise stellt es uns Menschen vor Probleme, daß wir den anderen zunächst aus unserem Verstehenshori-

[4] Wer nicht in Welten denkt, ist in der Gefahr, sich mit anderen zu vergleichen. „Was hast du? Was bist du? ... Ach, ich habe es nicht. Ich bin es nicht.“ Dieses Vergleichen ist ein böses Gift, das uns nur depressiv macht. Zwischen Welten gibt es keinen Vergleich, jede ist unvergleichlich und hat ihren eigenen Maßstab. Statt mich mit einer fremden Welt zu vergleichen, lasse ich mich besser von dem, was sie „zu bieten“ hat, anstecken, damit sich in meiner Welt etwas verwandeln kann.

zont heraus zu begreifen suchen. Weil das nicht geht, überkommt uns das Gefühl des Fremdseins. Hier hat das Fremdsein seine Wurzel. Es bezeichnet den Moment, in dem sich unser eigener Verstehenshorizont als zu klein erweist.
Wie reagiert der Mensch auf Fremdes? Es beunruhigt ihn zutiefst, so den Flieger, als er das erste Mal von der Existenz eines „anderen Planeten" erfährt. Seit Menschengedenken beunruhigt die Erdenbewohner die Vorstellung, es könnte „Außerirdische" geben. Was sie nicht bedacht haben, was sich jetzt aber als Bewußtsein durchsetzen will, ist die Tatsache, daß jede Begegnung, auch auf der Erde, so eine „Begegnung der dritten Art" ist.
Wer diese Beunruhigung nicht aushält, verfällt schnell einer anderen Reaktion auf den Fremden, die in unseren Tagen gefährlich üblich geworden ist, dem Fremdenhaß. Durch Spott oder Gewalt wird die Möglichkeit, daß es noch etwas anderes außer mir gäbe, geleugnet und verdrängt. Dann hasse ich den Fremden. Die Juden im dritten Reich haben für die Deutschen „den Fremden" verkörpert. Die Deutschen kamen mit der Welt der Juden nicht klar. Die Unruhe, die sie da spürten, wollten sie in der „Endlösung" beruhigen. Leider funktionierte das nicht. Bis heute beunruhigt die Deutschen ihr Verhältnis zu den Juden.
Das Märchen des kleinen Prinzen ist deswegen so höchst aktuell, weil es zeigt, wie dieses Fremdsein voreinander zum Motor der Begegnung werden kann. Keine Begegnung im kleinen Prinzen, wo nicht dieses feine Zittern zu spüren wäre: „Ach, wie ist der andere doch fremd." Jedesmal ist es wieder anders, aber jedes mal ist es zart und bewegend. Als der König ihm das Gähnen befiehlt, schlägt der Prinz ihn ob dieses scheinbar

absurden Befehls nicht tot, nein, er reagiert ganz anders: er errötet! Er stammelt. Er ängstigt sich. Wenn es uns doch gelänge, wieder den Mut zu finden, im Angesicht der Fremden zu erröten. Den Mut zu finden, die eigene Unsicherheit zu spüren, die eigene Angst. Die wichtigste Sekunde im Gespräch zweier Menschen ist die, wo sie beide nicht so recht weiter wissen, wo sie die Worte nicht mehr finden, zu stammeln beginnen. Da kann eine ganz neue Qualität im Gespräch entstehen. Solange ich diese Unsicherheit nicht zulasse, sondern stark wirken will, verhindere ich die Begegnung mit der fremden Welt, die nur stattfinden kann, wenn ich das Fremdsein akzeptiere. Auf einem fremden Planeten bin ich eben nicht zu Hause. Da darf ich Angst haben. Da darf ich stammeln. Da darf ich erröten, weil ich die Etikette des Fremden (noch) nicht kenne.

„*Ich verstehe nicht*“, sagte der kleine Prinz zum Laternenanzünder. „*Da ist nichts zu verstehen*“, sagte der Anzünder. Dies ist der Schlüssel bei der Begegnung der Welten. Ich muß aufhören, den anderen verstehen zu wollen. Ich kann ihn nicht verstehen. Das ist unmöglich. „*Da ist nichts zu verstehen.*“ Verstehen ist das größte Mißverständnis, daß wir Menschen uns antun können. Denn solange wir noch verstehen, sind wir noch in unserem Horizont eingesperrt und lassen den anderen nicht fremd sein. „Ich verstehe dich nicht“, ist einer der kostbarsten Sätze unserer Tage. Eine Gesellschaft, in der die Wissenschaften alles verstehen wollen, in der alles gedolmetscht werden kann, sieht sich vor der Herausforderung, daß das Wichtigste nicht verstanden werden kann.

Und auch nicht verstanden zu werden braucht! Das ist die freudige Botschaft des kleinen Prinzen. „*Ich verstehe dich nicht*“, ist der Anfang der Versöhnung.

c) Eingehen in die Welt des anderen

Diese Kleinschrift soll zu einem besseren Verständnis des kleinen Prinzen beitragen. Nach allem, was wir bisher gesehen haben, ist das natürlich ein dummes Unternehmen. Den kleinen Prinzen kann man nicht verstehen, auch er ist eine Selbst-Verständlichkeit. Wenn ich mich auf ihn einlasse und seine Welt zu betreten bereit bin, dann kann er mir aufgehen. Dann freilich kann ich diese Kleinschrift mit dem Märchenbuch austauschen.
Aber „*die großen Leute brauchen ja immer Erklärungen*“, stellt der Erzähler fest. Für solche großen Leute ist die Kleinschrift geschrieben.

„Eingehen in die Welt des anderen." Wie kann das geschehen? Da es ein Ein-Gehen ist, gelingt es nur Schritt für Schritt. Auf einen Schlag ist man nicht in der Welt des anderen. Der Erzähler des kleinen Prinzen hat das lernen müssen. Jeden Tag erfuhr er etwas Neues von dem eigentümlichen Persönchen, seinem Planeten und seiner Reise. So wie jede Welt selbst nach und nach entstanden ist, so muß sie dem Fremden erst erstehen.
Der Fuchs nennt diesen Vorgang „Zähmen“.
„*Was muß ich da tun?*“ *fragte der kleine Prinz.*
„*Du mußt sehr geduldig sein*“, *antwortete der Fuchs.* „*Du setzt dich zuerst ein wenig abseits von mir ins Gras. Ich werde dich so verstohlen, so aus dem Augenwinkel anschauen, und du wirst nichts sagen. Die Sprache ist die Quelle der Mißverständnisse. Aber jeden Tag wirst du dich ein bißchen näher setzen können...*“
Schnelle Lösungen gibt es also nicht zwischen Fremden. Ich brauche Zeit mit dem Fremden. Ich brauche viel Geduld. Und ich darf nichts von ihm wollen. Wenn ich einen bestimmten Zweck errei-

chen will, habe ich meine Welt noch nicht verlassen, wird die Begegnung scheitern.
Niemand kann in einem Moment in zwei Welten gleichzeitig sein. Bin ich auf dem Planeten des anderen gelandet, bin ich nicht mehr auf meinem eigenen. Ich habe mich verloren. Nur wenn ich bei ihm ganz aufgehe, lerne ich wirklich etwas von ihm kennen.
Nun darf man dieses „Aufgehen in der Welt des anderen“, „Sich verlieren“ nicht mißverstehen. Das ist kein passiver Vorgang, in dem ich mich völlig unbeteiligt „hängen“ lasse. Es ist ein aktives Interesse am anderen. Zu ihm gehört eine ständige Aufmerksamkeit. Der kleine Prinz unterhält sich mit dem Flieger. Dieser ist mit der Reparatur des Motors seines Flugzeugs beschäftigt. Er hört nur mit halbem Ohr zu, weil ihm seine Welt momentan wichtiger ist. Wie soll er als Flieger erfolgreich sein, wenn er seine Maschine nicht bald wieder in Gang bekommt! So gibt er dem Prinzen irgendwelche Antworten. Die Blumen würden sich Dornen aus Bosheit wachsen lassen, gibt er dem Prinzen zu verstehen. Der Prinz ist empört. Das bringt er mit seiner Welt und der Erfahrung seiner Blume nicht zusammen. Doch dann gesteht der Flieger: „*Ich habe nur irgendetwas dahergeredet.*“ Solange er die Beschäftigung mit seinen Dingen nicht aufgibt, für wie wichtig er sie auch hält, kann er nicht mit dem kleinen Prinzen in Kontakt kommen.
Es ist also acht zu geben. Das Sich-einlassen auf einen anderen kann auch nur ein neues Kreisen um sich selbst sein. Ich muß wirklich – aktiv – heraus aus meiner Welt, um den anderen kennenlernen zu können. Ich muß mich loslassen. Den meisten Gestalten des Märchens gelingt das nicht. Obwohl sie der kleine Prinz besucht – und das heißt ja für sie, daß sie auf den Planeten des

Prinzen treffen –, kommen sie nicht aus ihrem Teufels-Kreisen heraus. Deswegen empfindet der Prinz sie als so einsam.
Vielleicht ist das eine der schlimmsten Krankheiten unserer Zeit. Fernsehen, Game-Boy, Drogen sind nur die Symptome dieser Krankheit. Es ist die Unfähigkeit des Menschen, sich selbst loszulassen, sich zu vergessen. Und zwar *um* den anderen, das Fremde kennenzulernen! Die alte religiöse Sprache nennt diese Kunst „Hingabe".
Kinder verstehen diese Kunst noch. Sie können sich stundenlang einem Spiel hingeben, und sind doch selbst „ganz dabei".
Der Fuchs lehrt uns, daß gerade die Zeit mir jemanden wichtig und kostbar macht, die ich für ihn verloren habe. Wenn ich mich an nichts hingebe, wird mir auch nichts wichtig und kostbar sein. Wenn mir niemand und nichts kostbar ist, kann ich weiter um mich kreisen. Teufelskreis.
„Warum hörst du walk-man?" – „Weil ich einsam bin." – „Warum bist du einsam?" – „Weil niemand mit mir sprechen will." – „Warum will niemand mit dir sprechen?" – „Weil ich walk-man höre..."

Irgendwo gibt es die Auffassung, daß die Liebe zwischen zwei Menschen mit der Zeit nur abnehmen könne. Von der Hochzeitsnacht an ginge es bergab. Es ist genau umgekehrt. Je länger die Zeit ist, die ich an ihn verliere, desto kostbarer und lieber wird er mir dabei. Freilich mag in dieser Zeit auch manches schöne Gefühl von Zweisamkeit verloren gehen. Doch unter Umständen ist dieses Gefühl nur ein Ausdruck meines Um-mich-selbst-Kreisens gewesen. Je mehr ich in den anderen eingehe, desto fremder wird er mir gleichzeitig, und umso lieber!

d) Das Geheimnis des anderen

Die Aufklärung hat dem Menschen mehr Klarheit gebracht. Der Mensch hat den Mut gefunden, sich seines eigenen Verstandes zu bedienen und so nicht mehr den dunklen Mächten, z.B. der Natur oder dem Schicksal, hilflos und bewußtlos ausgeliefert zu sein. Er fand, besonders mit Hilfe der Wissenschaften, Gesetzmäßigkeiten heraus, nach denen Mensch und Welt sich mit ziemlich großer Sicherheit verhalten. Wir können hinter die Aufklärung nicht mehr zurück.

Doch wo hat uns die Aufklärung hingeführt? Dort wo es immer heller wird, sieht man irgendwann vor lauter Licht gar nichts mehr. Sehen kann man nur, wo Hell und Dunkel gemischt vorhanden sind. Ein Beispiel, in dem durch immer größere Aufklärung größere Unklarheit eingetreten ist: Für die Sexualität gilt in unserer Gesellschaft die totale Aufklärung. Jedes Kind kennt heute schon sehr früh verschiedene sexuelle Techniken. Den Sinn aber seiner Sexualität hat es damit noch nicht erfaßt, auch nicht deren eigentliche Schönheit und Faszination. Es scheint bei der Aufklärung etwas Wesentliches verloren gegangen zu sein: das Geheimnis.

Für den kleinen Prinzen spielt das Geheimnis eine große Rolle. Jeder Planet, auf den er kommt, ist nicht nur fremd, sondern auch geheimnisvoll. Das ist etwas mehr als fremd. Denn die Fremdheit läßt erzittern, vielleicht zurückschrecken, das Geheimnis aber zieht an.

„Wenn das Geheimnis zu eindrucksvoll ist, wagt man nicht zu widerstehen“, schreibt der Erzähler des kleinen Prinzen. Befremdlich war das kleine Persönchen mitten in der Wüste, daß von ihm – ohne sich vorgestellt zu haben – verlangte, er solle ein Schaf zeichnen. Aber der Flieger spürte nicht

nur das Fremde, er spürte ein Geheimnis hinter dem Männchen, das unwiderstehlich war.
Nun ist es das besondere des Geheimnisses, das es nicht gleich klar auf der Hand liegt, daß es nicht gleich verstanden werden kann und darf. Klar auf der Hand und „verständlich" sind Äußerlichkeiten. Zum Beispiel das Alter eines Menschen, sein Gewicht, die Zahl seiner Geschwister, das Einkommen seines Vaters. Dies ist leicht erklärbar. Hier kann man schnell Aufklärung erhalten. Aber über den Menschen selbst weiß man dann noch nichts, über sein Geheimnis, über sein Herz. „*Das Wesentliche ist für die Augen unsichtbar*", verrät der Fuchs dem Prinzen.
Und das Geheimnis ist der Motor, der mich überhaupt in die Welt des anderen eingehen läßt. Das, was mir an ihm nicht klar ist, was ich nicht verstanden habe, was ich aber gern erfahren würde, weil es mir – irgendwie doch – einen Sinn zu machen scheint. Eine Welt, die auf Zahlen, Technik und Computer setzt, kann mit Geheimnissen nichts anfangen. Sie sieht nicht das Geheimnis, das in jedem Menschen steckt, in jedem Volk, in jeder Religion, in jeder Kultur. Und wenn sich der andere beharrlich der Berechenbarkeit entzieht, wenn er in seinem Verhalten für mich nicht kalkulierbar ist, dann flößt er mir Angst ein, gegen die ich mich nur mit Gewalt wehren kann. Vielleicht war dies der tiefere Beweggrund des Golfkrieges. Die islamische Welt, die ganz anders zu denken, zu fühlen und zu glauben scheint als die westliche, war für den Westen nicht kalkulierbar. So hat er zugeschlagen, statt das Geheimnis zu respektieren und sich auf die Suche danach zu machen.
„*Was machst du mit fünfhundert Millionen Sternen?*" fragte der kleine Prinz. Darauf der Geschäftsmann: „*Fünfhunderteine Million sechs-*

hundertzweiundzwanzigtausendsiebenhundert-einunddreißig. Ich bin ein ernsthafter Mann, ich nehme es genau."

Unsere Zeit nimmt alles wissenschaftlich genau. Aber leider nimmt sie das Falsche genau. Das Unwesentliche und Äußerliche. Denn wen oder was bewegt diese Zahl? Wen zieht sie an? Das Geheimnis der Sterne, das nicht in Zahlen faßbar ist, spielt nur noch eine Rolle in flachen Horoskopen flacher Illustrierten. Die Menschen sollen freilich ernsthaft sein. Sie sollen es unbedingt genau nehmen! Aber das Wesentliche im Menschen, in den Völkern, in den Religionen müssen sie genau nehmen. Darin besteht die Ernsthaftigkeit.

Wer das Geheimnis im anderen ernst nimmt, dem enthüllt sich sein Geheimnis. Das ist eine weitere Botschaft des „Kleinen Prinzen". Der sieht wirklich etwas, freilich nicht mit den Augen oder dem Computer, sondern mit dem Herzen.

Der Flieger ist fast am Verdursten. Der kleine Prinz schlägt ihm vor: „*Suchen wir einen Brunnen.*" Dem Flieger ist sofort die Hoffnungslosigkeit dieses Unternehmens bewußt. Einen Brunnen in der Unendlichkeit der Wüste zu finden, ist aussichtslos. Trotzdem geht er mit dem kleinen Prinzen mit. Schon hier zieht ihn also das Geheimnis, ohne daß er darum wüßte. Unterwegs schließt ihm der Prinz auf: „*Die Wüste ist schön. Es macht die Wüste schön, daß sie irgendwo einen Brunnen birgt.*" Jetzt gehen dem Flieger die Augen auf. Daß die Wüste, die er schon immer geliebt hatte, ein Geheimnis birgt, geht ihm jetzt auf. Und daß dieses Geheimnis die Wüste so schön macht. Nun vollzieht sich ein Wechsel. Der, der ihn auf die Reise brachte hin zum Geheimnis der Wüste, wird müde. Und so nimmt der, der vorher geführt wurde, nun seinen Führer in den Arm und trägt ihn durch die Wüste. Und ganz unspektakulär, als sei es eine Selbstverständlichkeit, entdeckt er bei Tagesanbruch tatsächlich den Brunnen.

Diese Geschichte beschreibt, wie ich zum Geheimnis des anderen vordringen kann. Zunächst besteht – rational betrachtet – kaum eine Aussicht, es je zu finden. Und doch ist das Geheimnis des anderen auch meine Lebensrettung. So mache ich mich auf den Weg, wider alle Hoffnung. Dies ist die Stufe des „Ich verstehe dich nicht." Unterwegs, beim Eingehen in die Welt des anderen, erschließt sich sein Geheimnis. Noch habe ich es nicht unmittelbar erreicht. Es geht mir nur als Geheimnis auf. Wo vorher nur Befremdliches, Nicht-Verstehen, Ratlosigkeit, Hilflosigkeit war, geht mir jetzt auf, daß im anderen ein tiefes Geheimnis ist, daß ihn so faszinierend und schön macht, und das mich zu ihm hinzog, schon als ich noch gar keinen Grund hatte, in seine Welt hineinzugehen. Im Bewußtsein dieses Geheimnisses gehe ich weiter. Wurde ich vorher noch geführt, so werde ich jetzt selbst zum Mystagogen, zum Einweiser ins Geheimnis, und bahne mir meinen Weg durch die Welt des anderen. Und auf einmal, unerwartet und doch nicht mehr überraschend, bin ich da. Beim Geheimnis des anderen.

Es ist also möglich, den anderen kennenzulernen, ihm zu begegnen. Ich muß aber bis zu seinem Geheimnis vorstoßen, daß auf dem Grund seiner Gestalt liegt, nicht an der Oberfläche. Der andere verliert dadurch nicht seine Geheimnishaftigkeit. Aber es kann nun sein, daß ich zum ersten Mal wieder, und diesmal berechtigt, sagen kann: „Ich verstehe. Ich verstehe dich." Wer das Geheimnis des anderen sehen durfte, der versteht ihn. Aber erst dann.

Es gibt einige Szenen in den Evangelien der Bibel,

in denen Jesus etwas voraussieht, gleichsam hellseherische Fähigkeiten hat. Auch der kleine Prinz kann hellsehen (z. B. den Brunnen in der Wüste). Aber wir erkennen jetzt, daß Hellsehen nicht eine magische Begabung von einigen wenigen Begnadeten oder Spezialisten ist, sondern daß derjenige hell sieht, der durch das Dunkel von Fremdheit und Geheimnis gegangen und bis zum Geheimnis vorgedrungen ist. Der sieht die Dinge und Menschen gleichsam von innen, von ihrem wesentlichen Grund her, und kann dann Selbstverständlichkeiten voraussehen.
Echte Aufklärung muß durch das Dunkel hindurch. Sonst bleibt sie an der Oberfläche.

e) Gemeinsam eine neue Welt schaffen

Ich hoffe, daß so mancher Praktiker des gemeinschaftlichen Lebens sich während des Lesens inzwischen heftig geärgert hat. Wer eine konkrete Gemeinschaft vor sich sieht, in der die Sehnsucht, gemeinsam zu leben genauso groß ist wie die Unfähigkeit dazu, der fragt sich, welchen Sinn es haben soll, auf die Welthaftigkeit der einzelnen, auf ihr Eigenleben, ihre eigene Sprache hinzuweisen. Ist es nicht gerade das Problem vieler Gemeinschaften, daß sie diffundieren, daß Gemeinsames verloren geht, daß Kompromisse kaum noch gefunden werden können. Sprich, daß der blanke Subjektivismus ausgebrochen ist, gegen den kein Kraut gewachsen scheint. Soll das Insel-Dasein der einzelnen noch verstärkt werden?
Wie soll Gemeinschaftsleben, Leben in ein und demselben Haus, an ein und derselben Arbeitsstelle funktionieren, wenn ich nur feststelle: Jeder ist völlig anders, und der Abgrund zwischen den Menschen ist nicht schließbar. Muß nicht doch so

etwas wie ein kleinster gemeinsamer Nenner gefunden werden, so etwas wie ein Kompromiß?

Es gibt keine Kompromisse. Jeder Kompromiß ist ein fauler Kompromiß. Kompromiß beruht darauf, daß die Wertigkeiten der einen Welt sich einer anderen unterordnen. Aber es gibt kein Gefälle zwischen den Welten, jeder ist gleichberechtigt. Es gibt auch keinen kleinsten gemeinsamen Nenner. Weil alles unterschiedlich ist in zwei Welten. Vergeblich wird man etwas Gemeinsames suchen, auf das man sich dann einigen könnte. Was gemeinsam scheint, ist bei genauerem Hinsehen doch unterschiedlich.
Wie ist dann gemeinsames Leben überhaupt möglich? Schauen wir wieder zum kleinen Prinzen, wie er mit dieser Schwierigkeit fertig wird. Es wird sich zeigen, daß es für ihn keine Schwierigkeit ist, sondern sogar Voraussetzung für Gemeinsamkeiten.
Der kleine Prinz auf dem Planeten des Monarchen. Der kleine Prinz – weil er den Monarchen nicht zum Freund gewinnen kann, weil er zum Richten über sich selbst nicht auf den Planeten des Königs angewiesen ist, weil er das Gefühl hat, seine eben erst begonnene Reise fortsetzen zu müssen – will den Planeten verlassen. Der Monarch – stolz einen Untertanen zu haben – will, daß der Prinz als Justizminister auf seinem Planeten bleibt. Zwei Welten, zwei verschiedene Bedürfnisse, die unvereinbar sind. Scheinbar gibt es jetzt zwei Lösungen. Wir müssen uns fragen, ob sie Lösungen sind, die Gemeinschaft herstellen, oder die die Vereinzelung fördern.

1. Lösung: Einer der beiden setzt sich durch.
Der kleine Prinz setzt sich durch: Er geht fort, der König bleibt allein zurück.

Oder:
Der Monarch setzt sich durch: Der Prinz bleibt auf dem Planeten, er kann seine Reise nicht fortsetzen.
Diese Lösungen würden Gemeinschaft nicht fördern, sondern Vereinzelung, da jeweils einer mit seiner berechtigten Welt dabei auf der Strecke bleibt.
2. Lösung: Es wird ein Kompromiß ausgehandelt.
Zum Beispiel ein zeitlicher. Der Prinz bleibt nicht für immer, sondern eine begrenzte Zeit. Damit wäre dem König entgegengekommen, weil er – wenigstens eine Zeitlang – den Prinzen bei sich hätte. Damit wäre dem Prinzen entgegengekommen, weil er – wenigstens bald – den Planeten verlassen könnte. (Das „wenigstens" ist typisch für jeden Kompromiß). Gemeinschaft würde auch in diesem Fall nicht entstehen. Der kleine Prinz würde nur auf seine Abreise warten, der König diese herbeifürchten. Auf die eigentlichen Bedürfnisse beider wäre genausowenig eingegangen worden, wie im ersten Fall, die Welten wären nicht ernstgenommen.
Kompromisse sind ein genauso schlechter Weg zur Gemeinschaft wie das Durchsetzen von einem. Gibt es überhaupt noch einen anderen Weg? Der kleine Prinz findet ihn.
Der kleine Prinz, der seine Vorbereitungen bereits getroffen hatte, wollte dem alten Monarchen nicht wehtun: „Wenn Eure Majestät Wert auf pünktlichen Gehorsam legen, könnten Sie mir einen vernünftigen Befehl erteilen. Sie könnten mir zum Beispiel befehlen, innerhalb einer Minute zu verschwinden." (...) „Ich mache dich zu meinem Gesandten", beeilte sich der König, ihm nachzurufen.
Wir müssen schmunzeln. Wie man immer Freude empfindet, wenn die Begegnung zweier Welten

gelungen ist. Hier sind beide gerettet. Der Prinz nimmt sich in seinem Anliegen ernst. Er verläßt den Planeten. Er nimmt aber auch den König ernst („er will ihm nicht wehtun"), er läßt sich das Weggehen vom Monarchen befehlen. So ist er sein Untertan, was ja das Anliegen des Monarchen ist.
Auch der König nimmt sich in seinem Anliegen ernst. Er macht den Prinzen zu seinem Gesandten. So bleibt dieser für immer sein Untertan. Und er nimmt den kleinen Prinzen ernst. Er läßt ihn weiterwandern.
Es ist, als wenn hier etwas ganz Neues entstünde. Die zwei Welten schwingen zusammen, aber ohne daß eine sich aufgeben muß, oder daß beide sich halb aufgeben müssen. Begegnung.
Das „Was" der Lösung ist weniger wichtig als das „Wie". Am Schluß gibt es nur eine Lösung, entweder der Prinz geht oder er bleibt. In unserem Fall geht er. Aber er hätte auch bleiben können. Das ist weniger entscheidend als das „Wie" der Lösung. Hier ist eine Lösung gefunden, die beide Welten zutiefst in ihrer Eigenheit beläßt und doch auf die andere eingeht. Gemeinschaft entsteht.
Wie geht das zu? Wenn Welten aufeinander treffen, dann entsteht, unmerklich, eine dritte Welt, in der die erste und zweite noch mehr sie selbst geworden sind, als sie es vorher waren. Lösung 1 hat eine Welt der Welten ausradiert. Da kann nichts Neues entstehen. Lösung 2 hat beide Welten beschnitten, da entsteht auch nichts Neues. Lösung 3 ist der Weg der Schaffung einer neuen, dritten Welt.
Ständig und überall vollzieht sich diese Konkreativität. Am deutlichsten sichtbar ist sie, wenn Mann und Frau aufeinandertreffen. Ohne Mann entsteht kein Kind, ohne Frau auch nicht. Ein

Mann, der nur so ein bißchen Mann ist, wird kein Kind hervorbringen, eine Frau, die nur ein bißchen Frau ist, ebensowenig. Hier ist kein Kompromiß möglich. Der Mann muß ganz Mann, die Frau ganz Frau sein, dann entsteht es, das Neue, das neue Leben, der neue Mensch, die neue Welt. Und in keinem Augenblick empfindet sich der Mann mehr als Mann, die Frau sich mehr als Frau, als in diesem Augenblick, wo sie eine neue Welt schaffen.

Hier können wir sehen, daß alles, was ist, jeder Mensch, jedes Geschöpf, schon so entstanden ist, konkreativ. Der kleine Prinz ist nicht einfach der kleine Prinz. Er ist die Konkreation aus Blume, Vulkan, Affenbrotbaum, Sonnenuntergang usw., eben all dessen, was seine Welt ist.

Wer mit anderen gemeinschaftlich leben will (und dieser Wunsch kann vielleicht unsere vom Egoismus gezeichnete Welt retten), muß ganz er selbst werden. Und den anderen ganz ihn selbst sein lassen. Und, so sich ausgesetzt, ergibt die Spannung zwischen beiden ein neues Leben, eine neue Welt, in der beide neu aufgehoben sind. Diese Neuschöpfung geht dann ganz von allein. Sie ist Geschenk.

Eine Gesellschaft, in der sich viele Menschen keine Kinder mehr wünschen, hat diesen Zusammenhang vergessen.

Gemeinschaft leben ist nichts anderes als eine neue Welt erschaffen. Gemeinschaft ist deswegen nicht unbedingt auf Sympathie angewiesen. Aus den ärgsten Feinden kann eine neue Welt entstehen. Vielleicht gerade aus ihnen. Um Gemeinschaft zu haben, muß man sich also nicht unbedingt suchen; oft kann man es gar nicht, man findet den anderen vor. Sondern man muß die Freude am gemeinsamen Schaffen entdecken.

Diese macht den anderen dann sympathisch und zum Freund.[5]
Daß das dritte, was aus verschiedene Welten entsteht, auch wieder eine Welt ist, also ein von anderen Welten hermetisch abgesonderter „Planet“, kann man oft erfahren. Eine Gruppe von Schülern fährt auf eine Wanderfahrt. Nach Hause gekommen, erzählen sie begeistert von ihren Erlebnissen. Sie haben ihre Schlüsselworte, bei denen auf einmal alle lachen, ihre Lieder, bei denen auf einmal alle mitsingen. Und der zu Hause gebliebene spürt, in diese Welt der Wanderfahrt komme ich nicht hinein, weil ich nicht dabei war. Keine Chance.
Das Stichwort „Begeisterung“ ermuntert mich zu einer theologischen Bemerkung. Vielleicht will das Dogma der Dreifaltigkeit dasselbe aussagen. Gott Vater – eine eigene Welt (theologisch: „Person“). Gott Sohn – eine eigene Welt. Gott Heiliger Geist – aus beiden entstanden – eine eigene Welt.

f) Abschied von der Welt

Der kleine Prinz reist von Welt zu Welt. Er geht nicht nur in fremde Welten hinein, er geht auch wieder aus ihnen heraus. Bei manchen Welten fällt ihm das nicht schwer, vor allem dort, wo der andere gar nicht erst zugelassen hat, daß man sein Geheimnis berühren konnte. Bei anderen aber ist es ein trauriger Abschied, z. B. beim Fuchs und beim Abschied vom Flieger und seiner Erde.

[5] Antoine de Saint-Exupéry sagt in seinem Werk „Die Stadt in der Wüste“: „*Zwinge sie, zusammen einen Turm zu bauen; so wirst du sie in Brüder verwandeln. Willst du jedoch, daß sie sich hassen, so wirf ihnen Korn vor.*“

„Wenn es am schönsten ist, soll man aufhören", sagt ein Sprichwort. Tatsächlich ist es schön geworden zwischen dem Flieger und dem Prinzen. Nach anfänglicher Fremdheit ist die Vertrautheit gewachsen. Das Geheimnis des anderen ist erahnbar geworden. Und es ist eine gemeinsame Geschichte gewachsen, eine dritte Welt entstanden, die vorher nicht da gewesen war: Schaf, Kiste, Maulkorb, Brunnen, Winde, Seil. Prinz und Flieger haben einander gezähmt, sie sind ganz zärtlich miteinander geworden.
Doch da gibt es einen Zeitpunkt, wo man Abschied nehmen sollte: *„Ich bin froh, daß du gefunden hast, was an deiner Maschine fehlte. Du wirst nach Hause zurückkehren können..."*, sagt der kleine Prinz. Und er fährt fort: *„Auch ich werde nach Hause zurückkehren."* Die gemeinsame Welt neigt sich ihrem Ende zu. Wozu soll der Flieger noch in der Wüste bleiben? Seine Maschine ist wieder in Ordnung; er wäre kein Flieger, wenn er jetzt nicht wieder flöge. Er wäre nicht er selbst. Der kleine Prinz hat gefunden, was er gesucht hatte: Freunde. Und er hat gelernt, was er vor seiner Reise noch nicht gekonnt hatte, wie er nämlich mit seiner Rose umgehen kann. Daß er für sie verantwortlich ist. Diese Verantwortung ist ihm jetzt ganz klar geworden, und so *muß* er auf seinen Planeten zurückkehren. Es ist die Verantwortung für sich und seine Welt, die ihn zum Abschied nötigt.
Würden die zwei jetzt aneinander haften bleiben – der Flieger ist dazu versucht –, würden sie sich um sich selbst bringen, würden ihre eigene Gestalt verleugnen müssen. Auch diese dritte Welt, die gemeinsame Geschichte von Prinz und Flieger ist also begrenzt und hat ihr Ende.
Der Abschied ist nichts Schönes. Wer kann es dem Flieger verdenken, daß er den kleinen Prin-

zen nicht gehen lassen will? Bis auf die letzten Seiten des Märchens ist seine Wehmut zu spüren. Jeder Abschied ist traurig. Wenn man sich gezähmt hat, wenn man einander vertraut geworden ist, muß man beim Abschied weinen.
Der Abschied hat etwas Ernstes, Endgültiges. Jeder Abschied ist ein kleiner Tod. Eine Welt geht unter. Unwiederbringlich. Und so muß sich der kleine Prinz von der Schlange beißen lassen, muß seine Körperhülle abstreifen, weil er sonst zu schwer wäre, um auf seinen Planeten zurückzukehren.
Wie die Geschichte begonnen hat, so endet sie, mit dem Abschied von einer Welt. Am Anfang muß der kleine Prinz seinen Planeten verlassen, und am Ende die Erde, die im Flieger ihm ein Stück eigener Planet geworden ist. „Wir sind nur Gast auf Erden." Das Leben besteht aus Kommen und Gehen. Ein Bleiben gibt es nicht. Es bleibt nur, was ich verlassen habe, in neuer Form.
„*Ich habe dein Schaf. Und ich habe die Kiste für das Schaf. Und ich habe den Maulkorb*", sagt der kleine Prinz zum Flieger. Und der Flieger hat die Sterne, die ihn immer an das Lachen des Prinzen erinnern werden. Den lachenden Prinzen hat er dann nicht mehr vor sich. Aber jeder Blick zu den Sternen, selbst wenn er den kleinen Planeten des Prinzen gar nicht sieht, wird ihn an seinen Freund erinnern und diesen ganz präsent sein lassen. Beim Abschied kann man also nichts mitnehmen, aber alles wird hinterher, neu, da sein. „*Es wird aussehen, als wäre ich tot, und das wird nicht wahr sein*", sagt der Prinz.
Auch wenn der Abschied schlimm ist, vielleicht ist es manchmal schlimmer, ihn zu verpassen. Das alte Da-Sein ist dann nur ein Dahinvegetieren. Zum Leben gehört der Mut zum Sterben. Und jeder kleine nötige Abschied ist so ein Sterben.

Der Prinz will nicht, daß der Flieger es sieht. Er geht und dreht sich nicht um. Abschied ist Abschied.
Beim Abschied tut sich der Abgrund zwischen den Welten wieder auf: „*Ich schloß ihn fest in die Arme wie ein kleines Kind, und doch schien es mir, als stürzte er senkrecht in einen Abgrund, ohne daß ich imstande war, ihn zurückzuhalten...*"
Im Abschied bin ich wieder ganz einsam. „*Das ist es. Laß mich einen Schritt ganz allein tun*", sagt der Prinz kurz vor seinem Gehen.

4. Die Reise von Welt zu Welt als Bereicherung

Eine weite Reise hat der kleine Prinz getan. Die Kleinheit seiner Welt hat er gelassen und sich einer großen Reise ausgesetzt. Auch wenn uns der Erzähler nicht erzählt, wie er wieder auf seinen Planeten zurückkehrt, wir wissen, daß er ein anderer sein wird als der, der vom Planeten abgereist ist. Was hat sich verändert?

Von allen Welten, die er bereist, ist er berührt worden. Hat gleichsam etwas von ihnen mitgenommen. Selbst dort, wo kaum Begegnung stattfand und gelang, bleibt etwas. *„Der da denkt ein bißchen wie **mein** Säufer"*, sagt sich der kleine Prinz, als er den Geschäftsmann erzählen hört. *Sein* Säufer ist nicht irgendeiner von siebeneinhalb Millionen Säufern auf der Erde. Es ist der, den er auf dem dritten Planeten kennengelernt hat und über dessen Teufelskreis er so bestürzt gewesen war.

Es gibt keine Begegnung mit einer anderen Welt, die ohne Wirkung bliebe.

Anhand fremder Welten wird dem kleinen Prinzen einiges über sich selbst klar. Der Geschäftsmann zum Beispiel erzählt ihm, daß er die Sterne besäße. Es entwickelt sich ein Gespräch über das Besitzen. Dem kleinen Prinz geht auf, daß ja auch er einiges „besitzt" (wenn auch in einer ganz anderen Art als der Geschäftsmann): die Blume, die Vulkane. Manches liegt in der eigenen Welt verborgen, was erst in der Begegnung mit einer fremden Welt zum Vorschein kommt. So wird mein Leben in der Reise von Welt zu Welt immer reicher; nicht dadurch, daß ich vom anderen etwas konkret übernähme, sondern daß der andere in mir etwas weckt, was im Grunde als Talent schon immer in mir da war, aber erst entdeckt werden mußte. Es geht nicht darum, vom anderen etwas zu übernehmen – das geht gar nicht, oder nur vorübergehend –, sondern zu entdecken, was der andere in mir auslöst. Je fremder mir jemand ist, desto mehr hat er mir also zu sagen, desto mehr kann mein Leben verwandelt und reicher werden.

Wie lebenswichtig und bereichernd die Reise von Welt zu Welt ist, sehen wir an dem Verhältnis des kleinen Prinzen zu seiner Blume. Eines Tages mußte er seinen Planeten verlassen, weil er nicht mehr mit ihr zurecht kam. Sie faszinierte ihn, er aber vermochte sich gegen ihre Kränkungen nicht zu schützen. So verläßt er fluchtartig seine Welt. Unterwegs geht ihm einiges über die Rose auf: Beim Geschäftsmann erkennt der kleine Prinz, daß es für seine Blume gut ist, daß er sie besitzt. Beim Geographen spürt er zum ersten Mal Reue, sie verlassen zu haben, denn er lernt bei ihm, daß die Blume vergänglich, das bedeutet, vom Untergang bedroht ist. Mit ihren wenigen Dornen ist sie auf den Schutz durch den kleinen Prinzen angewiesen. Auf der Erde begegnet der Prinz einer Blume mit drei Blütenblättern, *„einer ganz armseligen Blume...“*. Wie schön ist im Vergleich dazu doch seine eigene! Als er auf die Wüstenberge steigt, die seine Stimme immer nur phantasielos durch das Echo zurückwerfen, wird ihm deutlich, wie vital seine Blume ist: *„Zu Hause hatte ich eine Blume: sie sprach immer zuerst...“* Von Begegnung zu Begegnung wächst die Sehnsucht nach dieser seiner Blume.

Eine ganz wichtige Erkenntnis erlangt der Prinz in dem Rosengarten, in dem er auf einmal 5000 Blumen von derselben Sorte seiner Rose vorfindet. Er ist ganz unglücklich, hatte er seine Rose doch für einzig auf der ganzen Welt gehalten. Auch wenn der kleine Prinz jetzt traurig wird und sich weinend ins Gras wirft, ist diese Enttäuschung das Ende einer Täuschung. Er spürt jetzt, daß seine Rose – als Rose! – gar nichts besonderes ist. Von nun an ist er nicht mehr in der Versuchung, sich auf seine Rose zu fixieren. Wenn sie sich auch für einzig hält, weiß der Prinz nun aus Erfahrung, daß sie es nicht ist. Das gibt ihm Abstand, die nötige Distanz, die ihm bisher im Umgang mit seiner Blume gefehlt hatte.

Ist es nicht so, wenn man verliebt ist? Zunächst sieht man nur die eine Geliebte, sonst nichts. Sie ist das ein und alles. „Liebe macht blind", sagen dann die Umstehenden, weil ich als Verliebter wirklich einiges ausblende und aus dem Blick verliere. Doch eines Tages geht mir auf, daß es noch viele andere gibt, in die ich mich verlieben könnte. Das öffnet mir die Augen. Meine Geliebte erscheint etwas banaler. Aber nun kann die Liebe auf eine neue Stufe gelangen, weil ich eben gerade diese eine von vielen erwählt habe.

Beim Fuchs klärt sich das Bild, das der Prinz von seiner Blume hat, noch mehr. *„Ich beginne zu verstehen", sagte der kleine Prinz. „Es gibt eine Blume... ich glaube, sie hat mich gezähmt..."* Obwohl sie nur eine von vielen ist, ist sie doch *seine* geworden, *für ihn* einzig auf der ganzen Welt. Die anderen Rosen sind zwar schön, aber leer. Seine Rose dagegen ist ihm vertraut, er hat sie begossen, unter den Glassturz gestellt, mit dem Wandschirm geschützt und sich rühmen gehört. Das ist die Zeit, die er für sie verloren hat. Diese Zeit macht ihm die Rose kostbar. Das hatte er vorher, wo er von der sichtbaren Schönheit der Rose fasziniert war, nicht gesehen. *„Das Wesentliche ist für die Augen unsichtbar"*. Die Augen sehen nur „Rose", eine von 5000 oder mehr. Das Herz sieht das Wesentliche, die Zeit, die er für sie geopfert hat, die Liebe, die er ihr geschenkt hat.

„Du bist zeitlebens für das verantwortlich, was du dir vertraut gemacht hast. Du bist für deine Rose verantwortlich...“, schließt ihm der Fuchs auf. Und er ist einfach von seinem Planeten weggegangen! Die Worte des Fuchses sind der Startschuß, in die eigene Welt wieder heimzukehren. Obwohl der kleine Prinz die Rose verlassen hat, ist, wie wir sehen, nichts auf seiner Reise so präsent wie diese Rose. In fast jeder Begegnung spricht er von ihr, sehnt sich nach ihr. Wer seine Welt verläßt, um fremden Welten zu begegnen, muß keine Angst haben, seine Welt verloren zu haben. Sie wird ihm umso stärker präsent sein. Im Grunde kann man seine Welt ja gar nicht verlieren. Aber es ist ein Geheimnis, daß ich sie in der Begegnung mit fremden Welten erst richtig entdecke.

Die Rose ist ein so wichtiger Bestandteil des Lebens des kleinen Prinzen geworden, daß sie gleichsam durch ihn hindurchstrahlt und auch für andere sichtbar wird. *„Was mich an diesem kleinen eingeschlafenen Prinzen so sehr rührt, ist seine Treue zu einer Blume, ist das Bild einer Rose, das ihn durchstrahlt wie die Flamme einer Lampe, selbst wenn er schläft...“*, bemerkt der Flieger. Sich seiner Verantwortung bewußt geworden, nimmt der Prinz schließlich von fremden Welten Abschied: von seinem Freund, dem Fuchs, und seinem Freund, dem Flieger. Dieser Abschied ist für den Prinzen gleichbedeutend mit dem Tod. *„Du weißt... meine Blume... ich bin für sie verantwortlich!“* Das sind die Abschiedsworte des Prinzen. Er nimmt für die Blume den Tod auf sich. Aus Liebe zu sterben, das war auch die Kraft, die im Tod Jesu von Nazareth steckte.

Wir können davon ausgehen, daß der Fuchs und der Flieger, auch wenn der kleine Prinz nicht mehr auf der Erde ist, dem Prinzen so präsent sein werden, wie vorher die Blume, die er verlassen hatte, auf allen Planetenbesuchen präsent war. Nachdem ich eine Welt berührt habe, ist sie ein Stück von mir, und so bleibt die Erde ein Stück vom kleinen Prinzen. Hier kann man eigentlich gar nicht mehr sagen, welcher Planet denn seine Heimat sei. Jede fremde Welt wird dann zur Heimat, so wie die eigene fremd geworden war.

Was seine Welt eigentlich ist, was die Rose für ihn eigentlich ist, hat der kleine Prinz also erst auf seiner Reise entdeckt. Schritt für Schritt ist es ihm aufgegangen. Wer sich finden will, muß sich auf die Suche nach den anderen machen. Wer sich nur mit sich selbst beschäftigt, den findet der kleine Prinz lächerlich. Er ist deshalb lächerlich, weil er sich um eine ganz große Bereicherung seines Lebens bringt, nämlich sich selbst wirklich zu finden.

Andere Welten zu bereisen ist nicht nur irgendeine Bereicherung, sondern es ist das Ausagieren des eigenen Wesens. Denn dem Wesen nach ist jede Welt eine Weltenreise. Jede Welt ist im Reisen von Welt zu Welt entstanden, so wie dem Prinzen seine Blume in ihrer eigentlichen Bedeutung erst auf dieser Reise erstanden ist. Reisen, Gehen, Pilgern, das ist unser Wesen. Nicht um sich selbst kreisen, festhalten, stagnieren.
Die Reiseroute ist übrigens nicht beliebig. Es ist nicht gleichgültig, welche Planeten ich anlaufe. Der kleine Prinz hat eine klare Reihenfolge: „der sechste Planet“, „der siebte Planet“. Wie von innen heraus wird er geführt zu der Welt, wo er Neues über sich selbst lernen soll. Wir brauchen uns keine Sorgen zu machen, welche Welten wohl für uns jetzt wichtig seien. Das ergibt sich, findet sich. Aber nicht nach dem Zufallsprinzip, son-

dern nach einer inneren Logik, die meine eigene Welt vorgibt. Wenn ich „sieben" Welten durchlaufen habe, wie der kleine Prinz, bin ich neu geworden, wie neu geschaffen.
Die Reise von Welt zu Welt hilft dem Prinzen, sich selbst kennenzulernen. Sie korrigiert seine Sicht von manchen Dingen seiner Welt. Diese Korrektur ist enttäuschend, aber heilsam. Er kann nun beginnen, seine Welt wirklich zu lieben. Als er seinen Planeten verließ, war er *„zu jung, um seine Blume lieben zu können."* Der Weg der Selbstannahme und Selbstliebe ist ein sehr langer und manchmal beschwerlicher Weg. Alles in mir möchte geliebt werden, aber wie leicht ist das gesagt und wie schwer getan.
Alles möchte mir Freund werden. *„Denn es ist gut, einen Freund gehabt zu haben, selbst wenn man sterben muß."*

Nachwort

Die Tatsache, daß Menschen und ganze Völker sich fremd gegenüber stehen und sich nicht verstehen, muß uns nicht erschrecken. Im Gegenteil: Wir können durch den kleinen Prinzen lernen, daß die Fremdheit zu jeder Begegnung gehört, und daß wir durch sie hindurch zum Geheimnis des anderen finden können.

Erschrecken sollte uns, wo zu schnell von einer Gemeinschaft, zu schnell von einer „großen Familie", zu schnell von „wir" geredet wird. Gemeinschaft und Harmonie müssen immer erst entstehen, und das ist eine „Leistung", in der sich alle Beteiligten verlieren müssen, um sich selbst besser zu finden. Wer dem anderen sagen kann: „Ich verstehe dich nicht", respektiert ihn zumindest einmal, nimmt ihn und seine Welt ernst. Er gibt aber auch der Sehnsucht Ausdruck, ihn kennenlernen zu wollen, und zwar so wie er sich selbst versteht. Auf dieser Basis, die keine gemeinsame Basis ist, sondern ein Stück neue Welt schafft, kann Verstehen wachsen.

Seit alters ist auch das „Ich verstehe dich nicht" ein wichtiges Gebet der Theologie. Gott – der ganz andere. Gott – dessen Wege ich nicht verstehe. Gott – der dunkel und unverständlich für mich bleibt (und doch nicht ohne Wirkung!). In einer Zeit, in der Kirchen und Sekten klare und einleuchtende Gottesbilder propagieren, oft um mit Gott „in der Tasche" das zu tun, was sie wollen, ist die Erinnerung an den dunklen Gott wichtig. Gott entzieht sich unserem Zugriff. Gerade deshalb ist er für uns aber so geheimnisvoll und anziehend. Das Geheimnis, das er für uns birgt, bringt uns in Bewegung. Wer Gott versteht, braucht sich nicht mehr zu bewegen. Er bleibt auf seinem Planeten hocken und versäumt die abenteuerliche Reise von Welt zu Welt.

LITERATUR

ANTOINE DE SAINT-EXUPÉRY, Der Kleine Prinz, Düsseldorf 1981 (1956).

EUGEN DREWERMANN, INGRITT NEUHAUS, Das Eigentliche ist unsichtbar. Der Kleine Prinz tiefenpsychologisch gedeutet, Freiburg 1984.

Zur Vertiefung der Philosophie der Welten:
HEINRICH ROMBACH, Welt und Gegenwelt. Umdenken über die Wirklichkeit: Die philosophische Hermetik, Basel 1983.

HEINRICH ROMBACH, Strukturanthropologie. „Der menschliche Mensch“, Freiburg/München 1987.

HEINRICH ROMBACH, Der kommende Gott. Hermetik – eine neue Weltsicht, Freiburg 1991.

MÜNSTERSCHWARZACHER KLEINSCHRIFTEN

Schriften zum geistlichen Leben

ISSN 0171-6360

1	Grün, A., **Gebet und Selbsterkenntnis**	(1979) 56 S., DM 5,60
2	Doppelfeld, B., **Der Weg zu seinem Zelt**	(1979) 64 S., DM 6,40
3	Ruppert/Grün, **Christus im Bruder**	(1979) 56 S.,DM 5,60
4	Hugger, P., **Meine Seele, preise den Herrn**	(1979) 84 S., DM 8,40
5	Louf, A., **Demut und Gehorsam**	(1979) 55 S., DM 5,40
6	Grün, A., **Der Umgang mit dem Bösen**	(1980) 84 S., DM 8,40
7	Grün, A., **Benedikt von Nursia**	(1979) 60 S., DM 6,00
8	Hugger, P., **Ein Psalmenlied, dem Herrn,** Teil 1	(1980) 72 S., DM 7,80
9	Hugger, P., **Ein Psalmenlied, dem Herrn,** Teil 2	(1980) 80 S., DM 8,40
10	Hugger, P., **Ein Psalmenlied, dem Herrn,** Teil 3	(1980) 80 S., DM 8,40
11	Grün, A., **Der Anspruch des Schweigens**	(1980) 72 S., DM 7,40
12	Schellenberger, B., **Einübung ins Spielen**	(1980) 52 S., DM 5,40
13	Grün, A., **Lebensmitte als geistliche Aufgabe**	(1980) 60 S., DM 6,40
14	Doppelfeld, B., **Höre – nimm an – erfülle**	(1981) 68 S., DM 7,40
15	Friedmann, E., **Mönche mitten in der Welt**	(1981) 76 S., DM 7,80
16	Grün, A., **Sehnsucht nach Gott**	(1982) 64 S., DM 6,80
17	Ruppert/Grün, **Bete und arbeite**	(1982) 80 S., DM 8,40
18	Lafrance, J., **Der Schrei des Gebetes**	(1983) 64 S., DM 6,80
19	Grün, A., **Einreden**	(1983) 78 S., DM 8,40
22	Grün, A., **Auf dem Wege**	(1983) 72 S., DM 7,80
23	Grün, A., **Fasten – Beten mit Leib und Seele**	(1984) 76 S., DM 7,80
25	Kreppold, G., **Die Bibel als Heilungsbuch**	(1985) 80 S., DM 8,40
26	Louf/Dufner, **Geistliche Vaterschaft**	(1984) 48 S., DM 5,40
27	Doppelfeld, B., **Die Jünger sind wir**	(1985) 68 S., DM 7,40
28	Schmidt, M.-W., **Christus finden in den Menschen**	(1985) 48 S., DM 5,40
29	Grün/Reepen, **Heilendes Kirchenjahr**	(1985) 88 S., DM 8,80
30	Durrwell, F.-X., **Eucharistie - das österl. S.**	(1985) 76 S., DM 7,80
31	Doppelfeld, B., **Mission**	(1985) 62 S., DM 6,80
32	Grün, A., **Glauben als Umdeuten**	(1986) 68 S., DM 7,40
34	Bar, C. de, **Du hast Menschen an m. Weg gest.**	(1986) 56 S., DM 5,80
35	Kreppold, G., **Kranke Bäume – Kranke Seelen**	(1986) 80 S., DM 8,40
36	Grün, A., **Einswerden**	(1986) 80 S., DM 8,80
37	Community, B., **Regel für einen neuen Bruder**	(1986) 48 S., DM 5,40
38	Doppelfeld, B., **Gemeinsam glauben**	(1987) 60 S., DM 6,80
39	Grün, A., **Dimensionen des Glaubens**	(1987) 80 S., DM 8,80
41	Domek, J., **Gott führt uns hinaus ins Weite**	(1987) 72 S., DM 7,80
44	Grün/Reitz, **Marienfeste**	(1987) 80 S., DM 8,80
45	Domek, J., **Segen – Quelle heilender Kraft**	(1988) 76 S., DM 8,40
46	Grün/Reepen, **Gebetesgebärden**	(1988) 72 S., DM 7,80
47	Kohlhaas, E., **Es singe das Leben**	(1988) 60 S., DM 6,80
49	Abeln/Kner, **Such dir einen Einsamen**	(1988) 44 S., DM 5,20
50	Grün, A., **Chorgebet und Kontemplation**	(1988) 68 S., DM 7,60

51	Doppelfeld/Stahl, **Mit Maria auf dem Weg d.Gl.**	(1989)	68 S.,	DM	7,60
52	Grün, A., **Träume auf dem geistlichen Weg**	(1989)	68 S.,	DM	7,80
53	Kreppold, G., **Die Bergpredigt,** Teil 1	(1989)	88 S.,	DM	9,80
54	Kreppold, G., **Die Bergpredigt,** Teil 2	(1989)	72 S.,	DM	7,80
57	Grün/Dufner, **Gesundheit als geistl. Aufgabe**	(1989)	108 S.,	DM	10,80
58	Grün, A., **Ehelos - des Lebens wegen**	(1989)	88 S.,	DM	9,80
59	Staniloae, D., **Gebet und Heiligkeit**	(1990)	48 S.,	DM	5,80
60	Grün, A., **Gebet als Begegnung**	(1990)	88 S.,	DM	9,80
61	Doppelfeld, B., **Mission als Austausch**	(1990)	72 S.,	DM	7,80
62	Abeln/Kner, **Kein Weg im Leben ist vergebens**	(1990)	56 S.,	DM	6,40
63	Faricy/Wicks, **Jesus betrachten**	(1990)	40 S.,	DM	5,60
64	Grün, A., **Eucharistie und Selbstwerdung**	(1990)	94 S.,	DM	9,80
65	Doppelfeld, B., **Ein Gott aller Menschen**	(1991)	80 S.,	DM	8,80
66	Abeln/Kner, **Wie werde ich fertig m.m. Alter?**	(1992)	76 S.,	DM	8,40
67	Grün, A., **Geistl. Begleitung bei d.Wüstenv.**	(1992)	100 S.,	DM	10,80
68	Grün, A., **Tiefenpsycholog. Schriftauslegung**	(1992)	108 S.,	DM	10,80
69	Doppelfeld, B., **Symbole,** Teil 1	(1993)	112 S.,	DM	11,80
70	Doppelfeld, B., **Symbole,** Teil 2	(1993)	100 S.,	DM	10,80
71	Grün, A., **Bilder von Verwandlung**	(1993)	100 S.,	DM	10,80
72	Simons, G.F., **Religiöse Erfahrung,** Teil 1	(1993)	100 S.,	DM	10,80
73	Müller, W., **Meine Seele weint**	(1993)	68 S.,	DM	7,80
74	McDonnell, K., **Die Flamme neu entfachen**	(1993)	44 S.,	DM	5,80
75	Alphonso, H., **Die Persönliche Erfahrung**	(1993)	70 S.,	DM	8,40
76	Grün/Riedl, **Mystik und Eros**	(1993)	114 S.,	DM	12,80
77	Ziegler, G., **Der Weg zur Lebendigkeit**	(1993)	76 S.,	DM	8,80
78	Doppelfeld, B., **Symbole,** Teil 3	(1993)	88 S.,	DM	9,80
79	Ruppert, F., **Der Abt als Mensch**	(1993)	48 S.,	DM	5,80
80	Tiguila, B., **Afrikanische Weisheit**	(1993)	50 S.,	DM	6,40
81	Grün, A., **Biblische Bilder von Erlösung**	(1993)	102 S.,	DM	10,80
82	Grün, A., **Spiritualität von unten**	(1994)	108 S.,	DM	12,80
83	Doppelfeld, B., **Symbole,** Teil 4	(1994)	74 S.,	DM	8,80
84	Wilde, M., **Ich verstehe dich nicht!**	(1994)	56 S.,	DM	6,40
85	Abeln/Kner, **Das Kreuz mit dem Kreuz**	(1994)	68 S.,	DM	7,80
86	Ruppert, F., **Mein Geliebter, die riesigen Berge**	(1995)	85 S.,	DM	9,80
87	Doppelfeld, B., **Zeugnis und Dialog**	(1995)	92 S.,	DM	10,80
88	Friedmann, E., **Die Bibel beten**	(1995)	112 S.,	DM	12,80
89	Müller, W., **Gönne Dich Dir selbst**	(1995)	74 S.,	DM	8,80
90	Ruppert, F., **Urwald und Weisheit**	(1995)	72 S.,	DM	8,80
91					
92					
93	Grün, A., **Treue auf dem Weg**	(1995)	ca. 116 S.,	DM	12,80

Weitere Veröffentlichungen folgen.

Vier-Türme-Verlag
D-97359 Münsterschwarzach Abtei
Telefon 0 93 24/20-2 92
Telefax 0 93 24/20-4 52